Rinnsal unbedachter Worte

Gedichte
von Stefan Enke

Rinnsal unbedachter Worte

Gedichte
von Stefan Enke

Bibliographische Information Der Deutschen Bibliothek: Die
Deutsche Bibliothek verzeichnet diese Publikation in der
Deutschen Nationalbibliographie; detaillierte bibliographische
Daten sind im Internet über http://dnb.ddb.de abrufbar.

© 2008 Stefan Enke

Cover-Foto: Christel Gäbler

Herstellung und Verlag: Books on Demand GmbH,
Norderstedt

ISBN: 978-3-8370-1967-4

Inhaltsverzeichnis

Nebel

Tief im Nebel

Dicht an dicht
stehen noch Gestalten
umspült
von dunklen Schwaden
schweren Nebels und
erzählen
sich einander
Geschichten fernen Glückes
denken
an Vergangenheit
in ihren tausend Armen und
träumen.

Gedanken in Wolken

Wie die Wolke da treibt,
Fort von mir, so gehst du.
Fliehst auch am Himmel,
Um endlich zu vergessen,
Was du noch nie gedacht.

Wie die Wolke, die im Windstoß
Sich ändert und immer ändert,
Ohne an die Erde zu denken,
Der sie bald Tränenregen bringt,
Verschwindest du am Horizont.

Wie die Wolke nicht fassbar,
Bist an diesem Sommertag du
Um mich herum geschwebt.
Du gabst mir die Umarmung,
Die ich nicht erwidern konnte.

Epilog eines Tages

Die Sonne,
Gerade noch die helle Scheibe,
Nun vom Wind davon geweht.

Der Tag,
Der mich grad noch geborgen hielt,
Entlässt mich nun in dunkle Nacht.

Den Bäumen
Lausch ich, wie sie vor grauem Himmel,
Der schnell dunkler wird, erzählen von dir.

Die Sterne
Kann ich nicht erwarten, zu sehen,
Und auch nicht, dass die Nacht vergeht.

Weihnachtsfantasie

Leise schweben die Stern'
Trauer und Tränen sind fern.
Weiß sind die Wälder und kalt,
Seele an Seele sucht halt.
Kerzenglanz der Eintracht,
Beleuchte still mir diese Weihnacht!

Zwei Flocken Schnee

Zwei Flocken schweben
Aus hohen Wolken
Zur Erde, tief, hinab.
Umschweben einander.

Kalt sind sie, und doch:
Sie glühen in ihren Herzen.
Glühen vor Liebe, die
Sie beide verbindet jetzt.

Sinken und sinken in
Wildem, leidenschaftlichem
Fluge in das weiße Bett
Hinab um vereint zu sein!

Und kaum berühren sie
Das weiße Laken dieser Welt,
Schon sind sie vereint,
Bis sie gemeinsam zerschmelzen!

In einem Januar

Der Tod schleicht umher:
Nachtschwarzer Umhang
Gleitet über kaltes Weiß.
Nicht an allen wird er heut
Nur vorüber gehen.

Frag ihn nicht,
Nach seinem Tun.
Es reicht, du siehst
Am schimmernden Morgen,
An wessen Bett er stand.

Schmetterling

Frühling ist es geworden,
Und du umschwebst mich!

Erfreust mich mit Farbe,
Erquickst mich mit Lebensfreude,
Ich sehe lange dir zu,
Freue mich über die Unbeschwertheit.

Frühling ist es geworden,
Und du bist wieder da!

Auferstehen

Seht!
Der grüne Spross
Müht aus der Erde sich.
Will wieder empor sich ranken,
Der Sonne entgegen,
Die endlich wieder lockt.

Vorbei!
Diese schwere Zeit,
So voll von Kälte...
Und den Schmerz hat er
Längst überwunden.
Und er wird wieder blühen.

Jedoch!
Wird nie es ewig sein,
So wie es ist.
Vergänglich ist alles,
Und allein er hofft,
Nicht vergessen zu sein.

Rinnsal unbedachter Worte

Ein Fels.
Auf ihn tropft,
Von einem Rinnsal gespeist,
Unablässig etwas Wasser.
Nicht viel,
Nur gerade so,
Dass er nie trocken wird.

Natürlich weiß er,
Dass er das Wasser
Nicht fürchten muss.

Und doch wird
Irgendwann einmal
Dort, wo das Wasser
Auf ihn jetzt trifft
Nur ein Loch noch sein.

Sonne im August

Ein goldener Sonnenstrahl,
Blitzte an jenem schönen Tage
Und ein müder Dichter sprach zu sich:
"Wage es nur, wage!"

"Wage neu zu träumen,
Fang dir den Sonnenschein.
Er will zu dir, greife zu,
Sag nie wieder nein!"

Er weiß, der Strahl ist Gottes Gabe,
Und er sollte dankbar sein.
Denn er soll noch lange sagen:
"Diese Sonne ist für immer mein!"

Sonnenaufgang

Nach zu langer Nacht
Nach zu tiefer Dunkelheit
Nach bitteren Stunden
Nach verlorenen Gedanken
Nach zerbrochenen Träumen
Nach zerronnener Ewigkeit
Nach zersplitterten Tränen
Nach undurchdringbarer Kälte
Nach lähmendem Schlaf
Nach nagenden Gefühlen
Nach ertränkender Stille

Bist du

Schlachten

Entwicklung

Ich frage mich nicht mehr,
Wie es wär',
Auf einem Regenbogen
Zu spazieren.

Ich frage mich nur noch,
Wie es wär',
Von einem Regenbogen mich
Hinab zu stürzen.

Zerfallenes Ich

Habe nur vergessen.

Denn ich weiß noch,
Wie ich als kleines Kind.

Ja: versteck dich,
Guter, mein Guter.
Hilfe! Hilfe – ja!

Was ist denn?
Ich hab doch nie.

Das sag ich Mutter
Und meine ja, ja, ja.
Die werden dich!

Was wollen Sie denn,
Ja – ja – ich – ja – ja.

„Bist nicht vergessen!"

Der Tod steht auf dem
Kassenzettel
Ganz unten.
Er kostet zwei neunundvierzig.
Klar:
Die Rechnung ist länger,
Doch
Ich habe sie bar bezahlt.

Ungeziefer

Oh, ihr Gedanken,
Ihr lästig Ungeziefer,
Ihr hundert stechende Mücken,
Ihr tausend beißende Flöhe,
Warum lasst ihr mich nicht.
Nie hab ich euch gesucht,
Nie hab ich euch gerufen,
Nie hab ich euch gewollt,
Doch ihr seid einfach da.

Nichts seid ihr als nur Gewürm,
Das mich zerfrisst!

Ironie der Welt

Bitter
Wenn vor deinen Augen
Dein Leben
Noch einmal
Passiert
Und du plötzlich merkst
Wie schön
Die Momente
Doch waren

Kurz nachdem du
Gesprungen bist

Der ewig grüne Baum

Ich stehe im Schatten eines Baumes,
Den ihr mit meinem Namen benennt,
Und der die faulen Früchte trägt,
Die richtig zu ernten ihr vergessen habt.

Mit stumpfem Beil versuche ich
Seit langem schon den Baum zu fällen.
Denn ich verlange nach der Sonne,
Die auf eurer Seite zu strahlen scheint.

Doch ihr hegt und pflegt noch immer
Jedes Blatt und jeden Ast an ihm,
Damit er wächst und gedeiht und
Noch viele faule Früchte tragen kann.

Wie Regen

Wie Regen fühl' ich mich,
Zu fallen, zu schweben,
Und trist fühl ich mich,
Grau wie der Regen da draußen.

Wie Regen fühl ich mich,
Aus dem Himmel verstoßen,
Und der Erde so nah,
Träumend, wie der Regen da draußen.

Ja, wie Regen fühl ich mich,
Der einsam fällt und fällt,
Bis endlich er auf dich trifft,
Genau wie der Regen da draußen.

Wörter wie Insekten

Wörter,
Wie kleine Insekten,
Die schwirren in meinem Kopf.
Und sie fliegen aus zu dir,
Du schöne Lilie,
Die du sie nicht magst.

Doch sie brauchen dich,
Könnten, wie auch ich,
Ohne dich nicht sein.

An ein mir teures Blatt

Verwelkt sitzt in der Ecke
Du und schaust nur
Den anderen beim Tanzen zu.

Ich habe Angst, du könntest
Zu Staub einfach zerfallen,
Vom Wind verweht und
Ins Unendliche getragen werden.

Gern wär Gärtner ich
Gewesen und hätte dich gepflegt
Und heut wärst du noch grün.

Verlorene Schlachten

Grau sind die Wolken,
die über mir ziehen.
Sie haben der Schlacht
nur zugesehen.

Ich hatte mich gerüstet,
meine Träume zu leben.
Ich gürtete mich einst,
mir treu zu sein.

Stolz auf dem Banner,
so ging ich voran.
Sehnsucht war das Land
meiner Bürgerpflicht.

Nun liegt die Hoffnung
am Boden – geschlagen.
Gedankenruinen sind
nur brennendes Fanal.

Verloren ist die Schlacht
gegen Freund und Bruder.
Vermisst ist das Lachen
und das Rosenblühen.

Starr geht mein Blick
gen Himmel nur.
Ich erkenne die Sonne,
bevor das Auge bricht.

Tagebuch eines Kindes

Hab mich unter dir gewunden,
Ganz fest an dein Bett gebunden.
Hab mich dir geöffnet, hingegeben.
Dacht', auf Wolken fort zu schweben.

Hast wieder, wieder mich geschunden,
Ganz fest an dein Bett gebunden.
Hast dich tief in mich geschoben,
Und ich blickte starr nach oben.

Haben mich dann hier gefunden,
Ganz fest an dein Bett gebunden.
Haben mir den Schmerz genommen.
Bin von dir – Vater – frei gekommen.

Durcheinander

Ach Süße,
was soll dein „Danke"?
Welch müdes Wort.
Nicht mal ein Satz.

Wie viel mehr
Wär mir doch
Ein Kuss,
Eine Umarmung
Eine Zärtlichkeit!

So ein kleines Stück
Deiner Liebe nur.

Welch ein Schauspiel

Langsam nähert sich die Sonne
Dem Meer zur Nacht hin an.
Wie zwei Verliebte spielen
Sie hinter den Wolkenschleiern
Dort am Horizont.

Und wenn sie sich endlich
In innigem Kuss berühren,
Scheint die Hitze des Sterns
In das kühle Nass überzugehen.

Und nach und nach sinkt
Die Sonne tiefer in die See.
Irgendwann scheint es,
Als sei Erde und Himmel
In heißem Glühen eins.

Nur wer vermag, einen Blick
Hinter den Horizont zu werfen,
Wird erkennen, wie es ist:
Nie berühren sie sich,
Sie gehen nur täglich
Aneinander vorbei.

Stille

Manch einer hat ein Telefon
Und beschwert sich doch,
Wie oft es klingelt
An einem einzelnen Tag.

Doch soll keiner sich beschweren!
Denn die Stille, die es verbreitet,
Seitdem ich auf deinen Anruf warte,
Ist schlicht unerträglich!

Unsicherheiten

Ich sehe in deine Augen
Und meine Spiegelbilder
Blitzen darin auf

Und ich muss mich fragen
Ob sie nicht lügen

Durcheinander

Der Verstand sagt mir,
Dass wir uns lieben.
Das Herz sagt dir,
Dafür sei keine Zeit.

So umarmen sich
Nur die Gedanken.
Unsere Schenkel
Küssen sich nicht mehr.

Regen im Gesicht

Sie ist mit ihm zusammen,
Das ertrage ich nicht.
Niemand merkt, wie sehr ich weine,
Denn Regen umspielt mein Gesicht.

Sie schwebt an mir vorüber,
Doch hat sie ihn im Arm.
Es wird mir immer kälter,
Wohl nimmer wird es warm.

Wie kann sie denn noch lachen,
In meiner Trauerzeit?
Warum geht sie nur weiter?
Nun ist sie mir so weit.

Es tut so weh
Wenn die Stille
Deine Ohren betäubt
Und sehnsüchtig
Du auf den erlösenden Ton
Wartest
Und wartest
Und immer wartest

Umsonst

Kleine Rose,
lässt mich weinen,
stichst und stichst und stichst.
Kein Kussbalsam
für meine Finger,
die geschundenen?
Keine Heilung
für die kranke Seele.

Ach hoffnungsloses Hoffen,
Was hältst du wieder mich
In deinem graus'gen Bann?

Warum kannst du nicht
Mir meinen Frieden lassen
Und suchst wieder mich und wieder heim?

Nie wollt ich dich,
Nur das, was dein Versprechen war.
Und bekomme doch nur immer dich!

Du fragst nach dem Kribbeln
Und trittst es mit Füßen
Bis es klein ist
Und nur noch kriechen kann
Aber dann wundert es dich
Wie schnell es davon kriecht

Tanz

Zwei Flammen die
Einander umspringen
Bald näher
Bald ferner
Bald dicht

Zwei Flammen die
Einander umschlingen
Bald enger
Bald loser
Bald ganz

Zwei Flammen die
Einander durchdringen
Bald stärker
Bald müder
Bald eins

Liebe

Im Nachhinein

Ich schloss die Augen

Ich küsste dich
Auf deine rechte Wange
Ich küsste dich
Auf deine linke Wange

Ich küsste dich
Auf deine Stirn
Ich küsste dich
Auf deinen Mund

Ich öffnete die Augen
Ich wünschte
Ich hätte dich geküsst

Flucht

Heimlich, still und leise
Stiehlt ein Gedanke sich davon:
Er öffnet das Fenster,
Klettert die Wand hinab
Und flieht.

Er rennt durch die Stadt,
Geradewegs die Straße hinab,
Durch dunklen Wald,
Bis hin, zu deinem Haus
Und tritt ein.

Kaum ist dem einen
Die Flucht gut gelungen,
Da steigt ein anderer hinterher,
Auf selbem Weg, mit selbem Ziel
Und ich träume!

Ich wünsch' mir Flügel

Ein Vogel auf der Wiese:
Lauscht und blickt umher!
Er sieht oder hört den anderen,
Der ewig in der Ferne scheint.

Doch plötzlich schwingt der Vogel
Von der Wiese sich hinauf
In den strahlend blauen Himmel,
Und sitzt gleich beim Vogelfreund.

Wie gern hätte ich doch Flügel,
Um zu dir fliegen zu können,
Wie der eine Vogel zum anderen,
Denn so sehne ich mich nach dir.

Brennendes Verlangen

Das Brennen auf meinen Lippen
Ist die Sehnsucht nach dir:
Entflammt, als dein Kuss
Sich schmerzhaft von mir löste.

Nur dein zurück auf meine Lippen
Kann das Verlangen nach dir
Löschen, mit einem Kuss
Der noch heißer als alles Feuer ist.

Kurze Euphorie

Sternschnuppen im Haar,
Drei Wünsche frei,
Doch dein Lächeln – genug.

Es galt nicht mir...

Fragen und Antwort

Was ist es,
Das da schwirrt durch meinen Kopf,
Am Tag und in der Nacht?
Und mich verwirrt?
Und mich betört?
Und mich verzaubern kann?

Du bist es,
Nur du!

So schöne Dinge

Hast du schon einmal
Bei Sonnenaufgang
Den Mond sich spiegeln
Gesehen
In einem Tröpfchen Tau
In dem Moment
In dem er rinnt
Vom Blütenblatt
Einer sich öffnenden Rose

Ich sah es
In deinen Augen

Erzähl mir doch

Erzähl mir doch:
Von den blauen Luftballons,
Die gen Himmel schweben.
Jeder trägt hinfort
Eine samtweiche Rose,
Die so rot wie Feuer glüht.
Erzähl mir davon:
Wie sie zu mir schweben,
Von sachtem Wind bewegt.

Erzähl mir doch:
Von den blühenden Wiesen,
Auf denen wir liegen könnten.
Jede hält bereit
So an die tausend Träume,
Für ruhige Nächte zu zweit.
Erzähl mir davon:
Wie die Halme sich wiegen,
Von sachtem Wind bewegt.

Erzähl mir doch:
Von den Sonnenuntergängen,
Die das Paradies vollenden.
Jeder ein Wunder
In seiner prächtigen Malerei,
Die den Himmel vergoldet.
Erzähl mir davon:
Wie die Wolken sich formen,
Von sachtem Wind bewegt.

Disco-Queen

deine silhouette zeichnet
durch dichten nebel
schwarz vor buntem licht
unheimlich schön
tanzend ja schwebend
sich in meinen augen ab

und meine hand zittert
im rhythmus des basses
und will zu dir

noch wartet sie
auf den lovesong
denn sie selbst
kann dir nicht wirklich
ihre gefühle nennen

Liebe

Das Du,
Unter gelegentlicher Berücksichtigung
Des Ichs,
Birgt die Gefahr
Von heute auf morgen
Noch eines Tages
Glücklich zu sein,
wenn es vorsichtig ein Wir
Formt.

Abschied

Kalter Wind verfängt
In meinen Haaren sich,
Als weinend ich am Ufer,
Dir winkend, stehe!

Kalte Ungewissheit,
Ob wir uns wieder sehen,
Verschlägt mir den Atem,
Doch dich brauche ich mehr!

Zeit

Der Wächter

Einsam dreht er seine Runden,
Der Wächter, der uns bewacht.
Er sagt uns, wann die Zeit,
Die wir für einander haben,
Ein Ende nimmt!

Oh, wie ich ihn verfluche,
Den Unermüdlichen,
Wenn er läuft und läuft,
Und uns zur Eile mahnt,
Die wir nicht verstehen.

Er gehört zu den wenigen,
Die unbestechlich sind.

Unerträgliche Trennung

Trennung – welcher Schmerz
Dich aus den Augen zu verlieren
Dich schon zu vermissen
In Gedanken noch das Spiel
Deiner Lippen auf meinen
Deiner Finger auf meiner Haut

Versagende Hoffnung?
Verlorenes Glück?

Welche Freude es doch macht
Die Augen neu zu öffnen
Nach dem Blinzeln dich erblickend

Zeit

Ach, haste nicht,
Steh' doch mal still.
Kannst du nicht wollen,
Wie ich wohl will?

Mahnst mich, drängst mich,
Treibst mich so an.
Sagst mir so laut:
Es ist schon dann!

Ach, haste nicht,
Bleib kurz nur stehen –
Muss letztlich ja doch
Mit dir dann gehen.

Kleines Glück

Glück hat ich nie viel
Und auch jetzt ist es
Nicht viel
Es passt
Gerade so in den Raum der
Zwischen uns Küssenden bleibt

Gedankenspiel

Erschrocken blickt der Voyeur
Auf die Nacktheit der Gedanken

Kaum verhüllen sie einander
In ihrem fruchtbaren Spiel
In dem sie sich berühren, verführen
Und bedingen und verschlingen

Rauben gegenseitig jeden Schlaf

Nur der Voyeur wendet ab
Sich und sucht seinen Weg

Durchschalten

Gelegentlich ist es Unsinn,
Zu glauben, dass man Blutwurst
Und auch Schwanengesang ist blau,
Denn allein der Sonnenuntergang hört,
Welcher Schmerz dir aus den Ohren quillt.
Geht hinaus ans Tageslicht, betäubend,
Und lebt gedreht zum Augenblick.

Gesungen wird der Untergang,
In gelber Farbe links getragen.
Und von Vögeln gefangener Wurm
Hat sich gelegt um Todesangst.
Mit meinen Händen angelehnt,
Im dunklen Nichts daheim.

Gebracht hat mehr als Videorecorder,
Der ununterbrochen nach Hause geht,
Und wieder im Nichts sich versteckt,
Um in besten Apfel saften kann,
Nur Weiß ist bunter als Kanzlerfrage.

Gesundheit regelt nachfragend
Mit Telefon und ausreichend gerundet,
Dem alten grünen Mondkalb ringen,
Besonders kleinem schwarzen Hampelmann.

Gefragt, ob ein Handschuh gespielt wurde,
Oder aber drei Blumen graues Gras gebunden,
Vielleicht auch tiefer gestapelte Häuser.

Gereift das hier und Obst will Auto heute,
Weil Ofen schaut in brauner Tür.

Geradeaus die Welt versammelt im Rot.

Wimpernschlag

Er schloss die Augen

Er trat das Kupplungspedal
Drückte den Ganghebel
Und legte den fünften ein

Er trat das Gaspedal durch
Beschleunigte den Wagen
Und die Welt flog vorbei

Er fuhr einfach geradeaus
Bog nicht nach rechts
Und nicht nach links ab

Er raste in den Baum hinein
Sah das Eisen um sich splittern
Und sich aufs Lenkrad knallen

Er öffnete die Augen wieder

Er trat das Kupplungspedal
Schaltete in den dritten
Und bremste und lebte noch

Streicht vorüber

Streicht vorüber
Vergeht in Einsamkeit
Zerbricht in tausend Teile
Erlischt in kaltem Wind
Verbrennt in Höllenfeuer
Zerspringt wie dünnes Glas
Entflieht meiner Hand
Verfällt zu totem Staub
Zerplatzt wie Seifenblasen

Und war für die Ewigkeit gedacht

Ein Zittern befällt mich,
Wartend auf deine Zeilen.
Genährt wird die Sehnsucht,
Von verstrichener Zeit.

Wir leben vom Augenblick

Ich bin das Wort,
und ich lebe vom Augenblick.
Denn hätte der Dichter
mich jetzt nicht geschrieben,
nie könnte ich sein.

Ich bin die Träne,
und ich lebe vom Augenblick.
Denn hätte ich bedacht,
all das was geschehen ist,
nie wäre ich geflossen.

Ich bin dein Gegenüber,
und ich lebe vom Augenblick.
Denn hätte ich diesen
nicht mit dir erlebt,
nie hätte ich mich verliebt.

Vergehende

Im Autotakt
Tickt die Zeit
Still an mir vorüber.

Unaufhörlich quillt
Das Leben
Aus dem Dampfen
Dieser Stadt.

Gesenktes Haupt,
So geh ich
Still an dir vorüber.

Unaufhörlich quillt
Das Leben
Aus dem Atem
Dieses Seins.

Ordnung

Seelen der Menschen

Grau in grau
Rot wie Blut
Schwarz und blau
Selten gut

Nur die Seelen der Kinder
Sind graffitibunt.

Die Wahl

Schwarze Kreise,
Rote Kreise,
Grüne Kreise,
Gelbe Kreise,
Vielleicht auch graue Kreise,
Leider auch braune Kreise.

Und irgendwo
Machst du dein Kreuz.

Und du weißt doch,
Dass du eigentlich nur
Das geringere der Übel wählst.

Problem

Der Mensch ist nicht
Erwachsen geworden
Nicht klüger
Nur größer

Und keiner ist da
Der verhindern mag
Dass er mit Messern spielt
Und mit Hölzern zündelt

Zum Geburtstag (der Alma Mater)

Im langen Flur hängt nur eine Sonne
Müder Schimmer beleuchtet den Verstand
Staub noch aus aller Geschichte Tage
Ideenkrümel – unter den Teppich gekehrt

Kühle Wände halten das Wissen zusammen
Geöffnete Türen lassen den Denkenden Platz
Hanfried wacht noch mit eiserner Mine
Überall Meister an die Häuser geschraubt

Fern das Paradies mit seinen Sommertagen
Nur eine Rose öffnet sich zur Nacht
Und unmerklich zwischen den Alltagssorgen
Findet man dann doch – den Lichtgedanken

Ach, hätt' ich doch ein Staubkorn

Ein Staubkorn setzte
Dem Leviathan sich
Unvorsichtig in die Nase.
Es krabbelte ihn darin
Und juckte so sehr,
Bis er bald nieste.
Und nieste so stark,
Dass er zerplatzte,
Nur Mensch und Mensch
Aufs Neue zu sein.

Ach, hätt' ich doch
Ein Staubkorn.

Angeblich

Nur weil verschiedene Menschen dieser Welt
Verschiedene Namen für einen Gott benutzen,
Liegen die Türme in Schutt und Asche,
Ist die Stadt in düstere Wolken gehüllt,
Wird ein hungerndes Volk wieder verjagt
Aus seinem toten, wüsten Heimatland,
Brechen alte Plagen wohl erneut hervor.
Nur wegen des Glaubens sterben Menschen,
Auch noch in dieser, unserer Zeit.

Nur wer ohne Sünde, werfe den ersten Stein...

Pusteblume

Ich lieg in einer Wiese,
Und träum grad vor mich hin.
Da seh ich, wie ihr Schirmchen
Vom Löwenzahn euch löst.

Ich seh euch schweben
Auf und ab und bald davon.
Eure Freiheit wünsch ich mir,
Zu sein, wo immer ihr wollt.

Und wie ich so sinniere,
Bemerk ich, fast nebenbei,
Das euch der Wind doch sagt,
Wohin ihr gehen werdet.

Ach...
Die Segel in den Wind zu setzen,
Soviel Freiheit hab ich auch.

Schlauer Kopf

Er aber, der als dritter,
Heran ritt an des Weges Gabelung,
Entschied sich nicht,
Nach links oder rechts zu gehen.

Er ritt geradewegs hinaus,
Auf selbst geschaffenem Pfad.

Fern bedient

Reich fühlt er sich, im Paradies.
Die bunte Welt liegt ihm zu Füßen.
In jedem Konzert, bei jedem Fußballspiel
Ist der beste Platz ihm ganz gewiss.
Und durch seine Macht verschwindet,
Was ihm nicht gefallen will.

Doch als der Strom ausfällt,
Das Fernsehbild klirrend zerbricht
Und eine Kerze die Glühbirne ersetzen muss,
Sitzt stumm er da, ängstlich,
Und starrt hinauf zu den Monstern,
Die sich auf dem Regal dicht drängen.

Wüstenblume

Da ist eine Blume
Inmitten der Wüste
Die blüht in strahlendem Gelb

Und im Hintergrund
Zeigen uns die Kameras
Die rollenden Panzer

Nur eine Frage der Zeit scheint es
Bis auch die letzte Wüstenblume
Im Sand ertrinkt

Götter

Feuer werfen sie
Auf die Zivilisation
Die sie nicht ehrt

Von Zeit zu Zeit
Entscheiden sie
Über Leben und Tod

Die Pariser Vorstädte
Sind des Nachts
Ihr heimlicher Olymp

Selbstgespräch

Ich

Da ist der Blinde
Der am Fenster steht
Und glaubt zu sehen

Da ist der Taube
Der die Lautstärke auf dreht
Und glaubt zu hören

Da ist der Stumme
Der seinen Mund öffnet
Und glaubt zu schreien

Da ist der Mensch
Der sich selbst einsperrt
Und von Freiheit träumt

Reine Glückssache

Zwar find ich wieder und wieder
Eine Rose inmitten des Unkrautes.

Doch find auf einer Wiese Klee
Ich nicht eines mit vier Blättern.

Somnio ergo sum

Ich träume, also bin ich.

Denn was wär' ich, ohne Traum?
Verloren in einer grauen Welt,
Deren dunkle Ränder ich nur sehe.
Gefangen, im Nichts, ohne Hoffnung.

Du siehst, ich brauche den Traum.
Doch teilte ich gern ihn mit dir;
Diesen Traum von Ewigkeit !!!

Kälte

Meine Träne zu Eis,
Bevor auf dem Boden sie zerklirrt.
Erfroren, ohne die Wärme,
Die zwischen uns
Für Momente war.

Dein Blick, abgewandt,
Ohne das einstige Lächeln; kalt!
Wo ist es hin,
Dieses Stück Sonnenschein?
Für immer verloren?

Und eisig peitscht der Sturm,
Gleich Schlägen ins Gesicht.
Wie sehne ich doch den Sommer,
Als alles noch voll Wärme war,
Für immer zurück!

Endlich

Mit den Augen berühre ich
Dein Gesicht
Um endlich zu spüren
Dass es weich wie Rosenblüten ist.

Und wie Sterne seh' ich
Deine Augen
An deren Feuer ich
Mich so gerne verbrenne.

Lachen

Ein Leuchten zeichnet mein Gesicht,
Und kommt von einer Ferne.
Auch wenn es manchen andern stört:
Ich hab's unheimlich gerne!

Von dir kommt es, lieb Engelein,
Von dir ist es gemacht,
Begleitet mich, weil du's mir gibst,
Dass es mich nun bewacht!

Wie lang du es mir wohl lässt,
Habe ich mir Sorgen gemacht.
Als Begleiter wünsche ich mir
Dies Leuchten, Tag und Nacht.

Manchmal

Manchmal
Wenn auch vielleicht nicht immer
Denke ich
Wäre es eine echte Erlösung
Wenn
Ich die Augen fest verschließen könnte
Und
Niemals wieder öffnen müsste
Um
Diese Welt noch mal zu sehen
Aber
Bitte sei nicht so ignorant zu fragen
Warum

Selbstgespräch einer Buchseite

Wie kann es sein,
Dass ein Blatt Papier,
Auf dem genug geschrieben wurde
Um mehrere Bücher damit zu füllen
Sich so leer fühlt, wie ich?

Fenster

Ich schaue aus dem Fenster,
Und finde alles grau.
Ich reiße das Fenster auf,
Und ein Sturm bläst mir entgegen.

Ich setze mich aufs Fensterbrett,
Und sehe in den Abgrund hinab.
Ich springe aus dem Fenster und
Bin Momente frei; dann nur noch tot.

Über dich
Will meine Schilde
Ich breiten

Nicht, dass du mein bist,
Nur, dass du sicher bist.

Freunde

Was würdest du sagen,
Wenn ich sterben würde?

Gott sei Dank!
Was würdest du sagen,
Wenn du sterben würdest?

Gott sei Dank!

Licht

Der Wunsch nach Licht

Drei Wünsche hat man mir gegeben,
Und was ich mir wünsche,
Das weiß ich schon.

Für die Menschheit nur Frieden.
Für euch alle? Gesundheit.
Für mich? Allein nur Licht!

An den Stern

Stehst vor mir, klarer Stern,
Als könnte ich berühren dich.
Bist mein Leben;
Bist mein Licht.

Spiegelst dich in meinen Augen,
Wenn ich mich an dir verbrenne.
Bist Leidenschaft;
Bist Glanz.

Steigst nieder aus dem Himmel,
Zu mir und fort und weiter.
Bist morgen wieder da.
Bist jetzt schon vermisst!

Katze, die keine sein will

Ich schau in deine Augen,
Vermisse das Funkeln
Vor dem Sprung.

Warum stürzt du nicht
Dich auf mich?
Beißt mich nicht?

Spielst nicht mit mir,
Wie Katzen das sonst
Mit Mäusen so tun?

Sonnenstrahl,
Lächelst du mich an?

Blinzelst mir zu?
Nur mir?
Lässt deine Wärme
Mich umarmen?

Nimmst mich
Mit dir auf eine Reise?
Bis wir irgendwann
Gemeinsam verglühen?

Versammelte Lichter
In steinernem Meer
Unter uns
Rauschende Stille
Eiskalter Nacht
Versammelte Wärme
Zwischen unseren Lippen
Glühen einiger Gedanken
Die zu rasch vergehen

Jeder hat seine Probleme

Wenn du den Mond fragst,
so hat er bestimmt ein Problem,
mit dem er nicht fertig wird,
das ihn überwältigt,
das zu viel für ihn ist.

Vielleicht vermisst er die Sonne,
Von der er nur weiß, dass sie da ist,
irgendwo, wie immer,
auf der anderen Seite der Erde,
und bescheint ihn nicht.

Die Sterne funkeln ihn an,
Doch nur die Sonne bringt ihn
zum leuchten, wenn sie will.

Träume (in Abwesenheit)

Ich sah eine rote Rose
Und dacht' an den Schimmer,
Der sich auf deinen Wangen zeigte.

Ich sah die strahlende Sonne
Und fühlte mich erinnert
An dein Lächeln, dass so strahlt.

Ich sah die funkelnden Sterne
Und glaubte nur daran,
In deine Augen zu sehen.

Ich spürte Wind im Gesicht
Und wünschte nichts mehr,
Als dass dein Kuss es wär.

Gute Besserung

Wenn du – Sonne –
Den Spiegel Mond besiehst,
So glaubst du freilich
Blass und fahl zu sein.

Kränklich sieht dein Licht so.
Doch auch in der Nacht
Kennen dich zwei Erdenkinder
Und erinnern einen Sonnentag.

Der kleine Traum

Da war einst ein kleiner Traum,
Der suchte mich fast jede Nacht.
Doch konnte er nie lange bleiben,
Meist bin ich dann aufgewacht.

Sollte das denn nur mit uns
So immer weiter, weiter gehen?
Ich wollte ihn, er wollte mich
Auch noch am Tage sehen.

Ich trank den Trank des Schlafens.
Den Traum wünschte ich her.
Ich konnte jetzt ewig schlafen -
Doch träumte ich nicht mehr.

Verse
Ewiger
Reise
Sinnlichen
Träumen
Ähnlich
Nur
Dich
Noch
Im
Sinn

fernes paradies

wo ist die einsame insel,
nach der ich mich so sehne?
wo ist das paradies,
das ich mit dir betreten will?

wo ist der ruhige fleck,
den wir besuchen möchten?
wo ist das schiff,
das uns in diese FERNE trägt?

Raum

Wo leben?

Dort hinten am Horizont,
Wo das Gestern liegt,
Scheint es so,
Als ginge die Welt unter.

Wie gut, dass ich im Heute lebe,
Wo noch die Sonne scheint,
Wo du bist,
Und du mit mir lachst.

Doch bald ziehe ich ins Morgen,
Das noch im Nebel liegt.
Kommst du mit mir?
Oder willst du gewissen Sonnenschein?

Abschied II

Au revoir! schmollen deine Lippen
Sich zu einem Kuss in dem sich die
Tränen leis verbergen und nur als das
Funkeln deiner Augen Welten spiegeln

Abschied flüstert mir in sachten Schlägen
Dein Herzensrhythmus an meine Brust
Während deine Hände Vergangenheit
Und Zukunft festzuhalten versuchen

Dresden I

Ich fühle mich einmal mehr,
Als sei ich Geschichte.
Die ganze Stadt raunt es mir nach.
Nur eine Träne, die Elbe hinab.

Betretenes Schweigen, kirchenstill –
Fernes Rufen eines Steingetiers.
Geschichte kann ich nicht sein;
Wandle doch nur so hindurch.

Alte Weide

Alte Weide am Fluss
Bist so stark
Und trauerst doch
Den Schiffen nach den vielen
Die du vorüber fahren sahst

Konntest selbst nie fort
Und wolltest doch so gern
In ein fernes Land

Wie gern wärst du der Mast
Eines letzten Segelschiffes
Das den Strom entlang
Die Städte durchfährt
Würdest im Wind dich biegen
Das Schiff zu treiben
Vorwärts - immer davon
In weite Ferne

Doch du bist traurig
Denn du stehst nur hier

Dresden II

Steinerne Geschichte.

Von Feuer verweht?
Von Wasser gebrannt?
Von Wind überschwemmt?

Auf tönernen Füßen
In den Sand gesetzt?

Herzensklänge

Oh Glockenspiel, welch süßes Klingen,
Als würden Musen heimlich singen.
So hallt es wider, leis, in mir.

Und tausend Träume von den Dingen,
Die in meine Nase duftend dringen,
Entrücken mich dem Jetzt und Hier.

In meinem Kopf herrscht frohes Ringen
Zwischen den Ideen, die entspringen -
Ein jeder Gedanke gilt nur dir.

Wie ein Flattern von Engelsschwingen,
Geht des Herzens schnelles Springen:
Du bist das Ziel all seiner Gier.

Traurige Fantasie

Wenn dort die Erde glänzt,
Von Sternenstaub bedeckt.
So weiß ich, dass ich träume,
Wie einst von großem Glück.

Ein Paradies, dass ich mir träume,
Schön und magisch,
Warm und liebevoll.
So sollte es immer sein.

Oder?

Bin nur ein Gedanke

Bin nur ein Gedanke,
Festgehalten von einer Feder,
Die vom Dichter geführt ist.
Also bin ich vom Dichter gedacht.

Und du wagst, mich zu zerreißen,
Nur, weil ich vor dir liege,
Wehrlos, schutzlos, klein.
Ausgeliefert deiner Gnade.

Siehst du nicht, dass ich
Als Kind eines Dichters -
Von Leben erfüllt, beseelt -
Unbehelligt, unbewertet sein will.

Trinklied

In stiller Stund'
Küsst sacht der Geist
Den warmen Mund
Der ihn so preist

Das Innen meiner Lippen

Und bringt in Aufruhr
Die Gedanken
Die sonst nur stur
Mit andern zanken

Drehen sich in süßem Wahn

Was bringt es dir?

Was, Mädchen, bringt es dir,
Durch Rosenbeete zu wandeln?

Willst du nur sagen: Diese hier -
Nein jene – sei die schönste dir?
Kannst sie nicht stehlen von dem Ort,
Ohne, dass die Blüte bald verdorrt.

Was, Junge, bringt es dir,
Durch Rosenbeete zu wandeln?

Bist du doch mutig, zu zufassen,
Musst du dich wohl stechen lassen.
Doch ein Schmerz der tiefer sticht:
Behalten kannst du sie sicher nicht.

Was, Kindchen, bringt es dir,
Durch Rosenbeete zu wandeln?

Odysseuslied

Oh Heimat, wie hab ich dich ersehnt?
Und komm nun an deine Küste,
Und weiß mich fremd und einsam hier.

Nicht meine Königin erwartet mich,
Nicht ein Geschenk, kein Kuss.
Nur stille kühle Gruft, du, meine Heimat.

Verzeihe mir, wenn ich dir unrecht tu'!
Doch hatte ich nicht mehr an dir,
Als du mich auf diese Reise schicktest?

War da nicht eine Königin? Nicht ein Kuss?
War nicht – nicht mehr. Und dennoch:
Der Wind treibt wieder mich in deine Arme.